ADVIS
SVR LES
DESORDRES
de ce Temps.

Auec les Remedes d'iceux.

M. DC. XXVI.

Aduis sur les Desordres de ce Temps.

Auec les remedes d'iceux.

IVSQVES à quant les hommes pre-fereront-ils leur interest particulier à celuy du public? pourquoy les histoires Grecques & Latines, qui ont discouru la cause & le subjet du subuertissement des Royaumes & Republiques n'ont-ils ren-du les peuples de maintenant, plus obeïs-sans & obseruateurs des Loix pour em-pescher vn tel accident, specialement pour la Ville reputée le chef du Royau-me?

Faut-il que ce mot (de vicissitude) cause de mesmes accidens, & que si nos anciens par leur ambition, conuoitise, & auarice, ont perdu leur estat, qu'il soit necessaire de perdre le nostre?

Ie me doute bien que ie perdray mon temps d'en crier, puisque le peché qui en auoit causé la maladie, nous l'a rendue hereditaire de pere en fils.

Et toutefois comme en vne grande de-
route, le soldat se r'allie au son de la trompette ; peut-estre que par ce discours, en
ramanteuant la faute, ie donneray subjet
à ceux qui tiennent les raynes de l'Estat,
d'vser de leur pouuoir, pour faire obseruer les Loix, afin que ce cahos & confusion, qui regne dedans les peuples, soit
dissippé par vn meilleur reglement.

Ce seroit folie de repeter les particu-
laritez contenues par les histoires passées,
qui ont causé la perte des Villes & Republiques, de ramanteuoir les noms & sur-
noms, des peuples qui les ont maintenuës
au peril de leur vie, par la discipline des
bonnes Loix & ordonnances, ny de nom-
mer ceux qui de temps en temps par leur
auarice, ambition & nonchalance, en
ont projetté la ruine, cela seroit trop en-
nuyeux. Il suffira de dire que comme la
ville de Rome, qui a esté la demeure &
habitation des Empereurs, a esté trop superbe en grandeur & bastimens, trop plaine de menu peuple, vne Noblesse trop
ambitieuse, des Estats publicqs trop bri-
guez, vn Senat trop corrompu, certains
habitans trop enrichiz par l'vsure, & le

pauure trop peu foulagé, Ainfi que nous
ne pouuõs moins efperer de perte, ruyne
& bouluerfement en cete grande ville de
Paris, qui eft dé-ja remplie de fes mefmes
accidens. Si Dieu par fa faueur, ne
donne la force à ceux qui en tiennent le
gouuernement, de reformer petit à petit
par l'obferuation des loyx ce qui eft tout
dereiglé.

Pour ce faire il ne fera befoin d'implo-
rer la faueur du Roy, parce que fes loix &
ordonnances parlent pour luy; Il a eftably
des Iuges, des Commiffaires, des Sergens,
des Preuofts des Marchans, des Efche-
uins, & milles autres officiers, qui femblēt
eftre endormis au bruit de fes confufions,
que fi vne fois ils fe reueillent, ou que l'on
les face réueiller, ils trouueront de la be-
fongne pour s'employer plus d'vn jour:
Mais il faut pour ce faire, qu'ils quittent
leur intereft particulier, l'auidité du lucre,
l'affinité de parantage, l'affociation parti-
zanne, & la crainte de déplaire, autremēt
il eft impoffible de reformer.

Tout ainfi qu'vne miferable nuée, qui a
engendré vn horrible tonnerre, qui a fait
pleuuoir vne forte grefle fur vne contrée,

n'a point tant rauagé le pays, qu'il n'en
soit eschappé quelque espy sans estre of-
fencé, ainsi parmi tant d'officiers qui sont
establiz pour la manutention de ceste
grande Ville, il s'en découure quelques-
vns qui ne sont nullement antichez d'a-
uarice ny d'ambition, qui puisse empescher l'effect de leurs charges.

Et de faict entre tant d'officiers, nous
reconnoissons, qu'ayant esté choisy deux
petits personnages, pour le gouuernemēt
des finances, qui jamais n'auoient esté
versés ny instruits à telle caballe, ont re-
duit les finances & les Financiers, à tel
poinct qu'à present il leur est impossible
de rien cacher, voire mesmes il faut qu'ils
perissent quelque grande charge qu'ils
exercent.

Que si leur façon de viure & d'exercer
leurs charges, eust encores continué
quelque temps, le Roy commençoit à
les supplier de luy ayder, la plus forte noblesse entroit à leur alliance, le plat pays
estoit ruyné, la gendarmerie estoit frip-
pée, & bref comme en estans la princi-
pale cause, la pluspart des peuples estoient
reduits à mandicité.

Viue donques ces deux perſonnages,
qui comme deux perles orientales, reluiſ-
ſent dans les offices des finances, ſans cor-
ruption ny eſperance de profit, ſinon de la
recompenſe du Prince.

L'on voit à veuë d'œil, depuis qu'ils ſe
ſont meſlez d'affaires, les Partiſans trem-
bler, les Soubs-fermiers abandonner, les
Financiers changer d'humeur, ſe reduire
à petit train, diminuer leurs depenſes ſu-
perfluës, caſſer leurs banquets, ſupprimer
leurs balets, ne changer ſi ſouuent d'abits,
ne plus ſe vanter, n'auoir plus de credit,
leurs heritages plains de plaquarts; bref
humbles, juſques à ſe cacher, & ne plus
monſtrer leur nez ſur le change.

Et Dieu que la ſuitte en eſtoit grande,
puis qu'ils produiſoient mille petits Com-
mis, qui comme champignons, croiſſoiẽt
de iour en iour, veſtus à la ſuperbe, ſuiuiz
de laquais, carroſſes & cheuaux aux deſpens du public.

Il n'y a maiſon de fruictiere, ny de ſer-
rurier, à laquelle il n'ayt fallu faire faire
porte cochere pour loger Meſſieurs, il n'y
a bourg ou vilage duquel il n'ayt fallu ti-
rer la racaille pour en faire des lacquais, &

la pluſpart de ceux qui cõmençoient à la-
bourer la terre, l'ont abãdonnée pour venir ſeruir de valets de chãbre à Meſſieurs.

S'étonne-t'on ſi les villages viennent
deſerts, ſi les Tailles ſõt difficiles à aſſeoir,
ſes nouueaux ſuperbes, pour entretenir
leurs Carroſſes & cheuaux, tenoient la
pluſpart des terres qu'ils faiſoient labou-
rer à leurs deſpens, & ſoubs la qualité de
bourgeois de Paris, eſtoient exemps des
Tailles, & occupoient la place d'vn bon
fermier, qui euſt payé le tiers de la Taille
du vilage; où n'en payans rien, il faut tout
rejetter ſur ces pauures vignerons qui
ſont contraints d'abandonner le pays
pour venir mandier par la ville, à noſtre
grande confuſion.

Si par ſucceſſion de temps cela peut ceſ-
ſer, à qui en peut-on auoir l'obligation,
ſinon à ſes deux venerables perſonnages,
qui comme deux roches, endurent les in-
jures de ceux qui ſerõt contraints vn jour
de confeſſer, qu'il falloit que ſcandale leur
aduint par leur moyen.

Or voyla par la bien-veillance de ſes
deux perſonnages les finances reformées,
ou bien commencées à reformer; qui ſe
trou-

trouuera à present capable de reformer l'Eglise, le Noble, le Peuple, le pauure, l'insolance des feneans, & le luxe?

De l'Eglise il faut m'abstenir d'en discourir, & la rayer de mes escrits, i'ay l'esprit trop foible pour en proposer le remede, puisque c'est à la Diuine bonté à toucher ce corps pour en empescher la Symonie d'aucuns, & le vice des autres; vice qui sera le seul marteau & l'instrument par lequel, *Domus supra domum, cadet* : & tout ainsi que le Temple de Salomon a subsisté au temps que les grands Prestres, ont exactement obserué les loix de Moyse ; ainsi venans à les mépriser, plus de quatre fois Dieu a permis aux Infidelles de le piller & tellemēt ruyner, que le seruice y a cessé vn long tēps, & tout le peuple Iuif en captiuité.

Ce mépris de loix, a couué l'Heresie, & comme vn gros paquet de bourre attaché à l'arbre de vie, à l'ardeur des concupissances a engendré ses chenilles qui rongent à present le suc & la substance de la vraye Foy ; ce qui a donné tant de fatigues à noz Roys, que plus de soixante ans durant les peuples ont esté massa-

B

crez, les Prouinces troublees, les bonnes villes ruynees, & le plat pays a changé sa robbe verte en chardons.

Que si l'Eglise en a frayé le chemin, le Noble n'y a pas moins apporté de trouble, de qui l'auarice (au moins d'aucuns) a esté le subjet de mepriser la foy & le seruice de son Prince, pour suiure le party des ambitieux & mal-contans, la ligue desquels auec l'aliance estrangere n'a seruy d'autre chose que de semer des chardons à nostre campaigne, au lieu de bled fourmant.

Mais ie m'abuse de l'appeller noblesse, puisque cela joint auec l'aliance roturiere, dont aujourd'huy ils ne font aucune difficulté pour enrichir leurs maisõs plus d'or & d'argent que de vertu, ils ont esté, font, & seront, le bouttefeu des troubles aduenir, qui causeront la perte de cette grande ville, si Dieu n'y met la main.

Car ce qui a faict le plus grand desordre dans le peuple, & qui les a faict meconnoistre, & mepriser l'obseruatiõ des loix, Edicts, & ordonnances, n'a esté autre chose cette alliance qu'ils ont euë auec la noblesse, pour laquelle acquerir, ce

mesme peuple s'est estudié à s'enrichir,
par vsures, par partis, par possessions de
grands offices, par le moyen desquelz,
mesme du maniment des deniers du public, ils ont gehenné & le Roy & le public, & tous ceux qui ont eu affaire à
eux, iusques à s'estre tellement agrandis,
qu'ilz ont creu ne se pouuoir maintenir
que par cette alliance.

Or la queuë en est bien plus grande, car
ceste alliance a faict fermer les boutiques
des Marchans, a remply les Cours sou-
ueraiues & Subalternes, d'officiers, a esté
cause de la Symonie & achapt des bene-
fices, a faict mépriser la frequentation
des plus proches parens, a attiré dans cete grande ville, soit pour seruir, ou pour
enuie de s'agrandir selon le temps, la pluspart des bons Citoyens de toutes les autres villes, qui sont à present cause de la
grande confusion qui y est.

Il n'y a plus de moyen d'en sortir, mon
Cousin est President, mon oncle est Tre-
sorier de l'Espargne, mon beau-frere est
Marquis, ie suis allié de Monsieur le Ba-
ron, il n'est pas raisonnable (encores que
ie ne sois qu'vn coquin) que ma femme

& mes enfans derogent , il faut qu'ilz
foient veftuz felon la qualité de mes parens, de peur de leur faire hôte, ne duffei-
ge manger à mon ordinaire que des Ca-
rottes, il faut que le Carroffe, la porte cochere , la pluche, le veloux, & le fatin
trottent , pour lequel eftat entretenir , il
faut vfer de milles inuentions , contre &
au preiudice des loix , Edicts & ordonnances.

O ville plaine de defordre, puis qu'on
ny cognoift plus le monde felon fa qualité , puis qu'vne fimple femmelette de
vile condition fe promenant en plain
marché pour achepter vn Carelet , eft
auffi paree le Vendredy comme le iour
de Pafques, puifque toute la jeuneffe fe
rend egalle en habits , fans acception de
qualité, puifque les brelãs & accademyes
à tous jeux y font tolerez, & puifque tous
les feneans y viuẽt fãs y eftre recherchez.

Ie m'étonne grandement comme ces
nobles defanoblis par telle alliance, ne fe
refouuiennent de l'année 1578. dans laquelle vn Chaftillon qui tenoit le party
des francs fiefs & nouueaux acquefts, fit
informer contre ceux qui auoient dero-

gé, pour les faire comprendre aux taxes desdits francz fiefs : Deslors il s'en trouua plusieurs, qui trafiquoient, d'autres qui labouroient par autruy pour de l'argent, d'autres qui auoient pris alliance dans la roture ; Bref quelque opposition que fit la Noblesse à telle recherche, vne grande partie furent taxez, apres information faicte de leurs vie & mœurs, que si ils n'en paye rien, il faut qu'ils ayent eu Lettres, d'exemption du Princes.

Du temps que le Noble, le Financier, & le Bourgeois se sont tenuz dans les bornes de leur deuoir, chacun faisant sa charge selon sa condition, l'on ne voyoit point tant de confusion, l'on alloit par la ville en plain minuict sans crainte d'estre rencontré de tant de lacquetz, sans estre tourmenté de tant de Carrosses, sans entendre tant de meurtres, l'on connoissoit le Noble à son bon renom, le Financier à sa fidelité, le Marchand à son bonnet, le Bourgeois à sa modestie, le Paysan à son roquet, & le pauure à son infortune; aussi les Mariages estoient moderez selon la condition, l'ambition n'entroit point aux boutiques, & le luxe estoit reserué aux

Roys & aux Princes.

Et neantmoins ce luxe, qui comme vne tache d'huille s'est espandu par tout l'habit, est commun non seulement aux Nobles (qui seuls le meritent) mais aussi à tout le reste du peuple de quelque qualité que l'on les voudra prendre, qui ne peuuent estre distinguez en habits d'auec les plus grands.

Les anciennes loix reseruent le Cramoisy pour les Roys, le veloux pour les Nobles, le satin pour les Officiers des Cours souueraines, le damas pour les Subalternes, le tafetas pour les Aduocats, Procureurs, Financiers, & autres peuples seruans le public, le drap pour les Marchans, le Camelot pour les manouuriers, le blanchet pour les Paysans, & la toille pour les pauures; Qui est celuy qui obserue ces Loix? mais qui sont ceux qui les font obseruer?

Il n'est nul besoin d'Edicts nouueaux, il n'est point de besoin d'importuner le Roy, le Cod-Henry est tout remply de ses ordonnances, il y a infiniz officiers de police qui en doiuent auoir la charge, mais qui en parlera le premier?

Les hommes sõt de diuerses humeurs, les vns timides, les autres trop hardis, les vns craignent de deplaire, les autres d'vn esprit plus pur ne se feignent de dire ce qui importe au public, si ce n'est verballement c'est par escrit.

Soit doncques mis par escript qu'il se faut ayder de l'authorité du Prince, non seulement à cette reformation, mais aussi en plusieurs autres, qui par succession de temps perderont nostre grande Ville, à sçauoir sa trop grande grandeur, son accroissance en bastimens, l'abort pour y habiter de toutes sortes de Nations, la permission à tout homme d'y faire marchandise, à tous charlatans d'y tenir boutique, à tous Manans & habitans de village d'abandonner son labour pour y estre fruictiers, Crocheteurs, gaigne-deniers & mandiens, à tous vagabons & laquetz d'y porter l'epee; Toutes lesquelles choses engendrent les seditions, r'encherissẽt les viures, émouuent les querelles, font perdre le trafic des bons marchans naturels de la ville.

Tous ces nouueaux bastimens qui se font en l'accroissement de la ville, qui se

font par ceux qui habitoient les Faux-
bourgs, qui font la pluspart eftrangers,
fuiuans la Cour, vne partie de gens qui
ont abandonné leur ville pour la Taille,
pour les procez & pour les querelles, fe
font Courtizannes veftues à la Françoife
qui ont quitté l'Italie & l'Efpagne, qui
ont vne fuitte de gens inconnuz, ce font
Allemans, Suiffes & Anglois, qui ne font
reconnuz eftrangers que par la langue, &
fi ces nouueaux baftimens continuent,
Paris fera le refuge de toutes fortes de
nations, à l'exclufion des Naturels Parifiens.

Ce qui eft tres-aizé à iuger, & qu'ainfi
ne foit, que l'on regarde partir, ou arriuer
les confederez de Charenton, on y cognoift fort peu de Parifiens naturelz, ce
font Anglois & Suiffes reformez en habits, ce font les refugiez de Clerac, Mon-
tefche, Rabaftins, Caftel-Sarazin, Montpellier, & autres. Les nobles & ceux qui
ont le plus d'aparence, ce font les foldats
du Comte de Mansfelt, qui fe font enri-
chis aux defpans du Manât, qui ont quitté la cafaque de buffe, pour prendre l'habit de velours à ramage, pour fembler des

Comtes

Comtes & Barons: Le commun peuple
ce sont chambellans, manouuriers de
tous mestiers, qui ont depeuplé Anse-
bourg, Ostande, & Breda, à cause de l'E-
dict de l'Espagnol; Bref cette belle assem-
blée, est vn abregé de l'Angleterre, de
l'Allemagne, de la Suisse, du Palatin, &
des villes demantelees du Poictou, & de la
Gascongne.

La pluspart de ce menu peuple, on les
voit aux jours ouuriers, estaller leurs mar-
chandises, en des boutiques volantes sur
les ponts: L'vn est Turc, qui assiz sur son
cul, comme vn Mago, vend du Tabac;
l'autre de la terre à degresser; l'autre auec
de la Cire verde, publie sa grande expe-
rience à oster les corps des pieds. L'autre
est vn fidel de Dieppe, qui vend des Co-
quilles de S. Michel; l'autre est vn Empi-
rique de Montpellier qui affige vne grande harangue au coing des rues, les con-
clusions de laquelle ne tend qu'à guarir
de la Verolle; l'autre est vn fort-vestu qui
faict assembler tous les feneans, pour voir
rougir de l'eau blanche auec de la pou-
dre, & pour apprendre à faire peter vne
chambriere; l'autre pour toute esperance

de viure n'a que son tourniquet. Voyla
nostre Ville munie & habitee de venerables bourgeois.

La grande liberté d'y viure, d'y trauailler, d'y tenir boutique, de n'y payer taille,
de n'estre connuz, mesmes par leurs proches voisins, leur a seruy de trompette,
pour y appeller tous leurs parens & confederez, femmes & enfans, qui premie-
rement ont habité les faux-bourgs, puis
la Ville, à present les voyla bons bourgeois, fort bien habituez, & qui commē-
ceront d'oresnauant à tenir assemblee
pour sçauoir le moyen de briguer l'Eche-
uinage.

On voit par l'histoire, que la ville d'An-
uers, a perdu ses priuileges, & tumb és
mains de l'Espagnol qui la tient captiue,
au prejudice des Loix du pays, pour auoir
tolleré toutes sortes de gens, pour y de-
meurer & y traficquer, pour y exercer
toutes sortes d'oppinions & Religions.
Et lors que les Roys & les Princes ce sont
mis en peine de les secourir & les maintenir, il a esté hors leur puissance pour la
grande confusion d'estrāgers, qui y com-
mandoient, & pour les diuers Conseils

qui s'y tenoient, qui surpaſſoient en force
les naturelz de la Ville.

Il y a bien différence de trafiquer dans
vne ville, par de bons marchans qui y vōt
& viennent pluſieurs fois en vn an, & d'y
trafiquer par toutes ſortes d'étrangers,
qui y habitent continuellement comme
naturels bourgeois. Les premiers agran-
diſſent, & y donnent des commoditez;
les ſeconds la rüynent tout à faict : Les
premiers y traficquent auec humilité &
bien-veillance; les ſeconds derobent aux
naturels de la Ville, ce qui leur profiteroit
en leur abſence. Les premiers n'ont au-
cun pignō ſur rue qui denotte bourgeoi-
ſie; les ſeconds y eſtabliſſent leur race,
qui par ſucceſſion de temps joüiront des
priuileges de la Ville.

Et qui en ſera cauſe, c'eſt la permiſſion
que l'on donne à toutes ſortes de perſon-
nes, d'entrer aux offices pour de l'argent,
juſques à des femmes qui ont leué les offices de premier & ſecōd Clerc du greffe
des Eſlections & grenier à Sel de France,
qui ont acquis l'alienation des huict &
vingtieſme du plat pays, qui ont tous les
offices de Regrattiers de la Ville, & infi-

niz autres offices qui y maintiennent
l'eftranger.

Qui ne s'étonnera de voir dans le Lou-
ure, & dans la Ville mefme, des hommes
Suiffes, Allemans, Anglois, braues por-
tans l'efpee à foureau de veloux, les bottes
& efperons dorez, fembler deuant le
monde des nobles de race, & eftre fim-
ples marchans, fourniffans par jour & à
la nobleffe & à toutes perfonnes, des frai-
zes, des Rabats, des Bottes, des Souliers,
des Chappeaux à changer par chacun
jour moiennant quatre piftolles par mois
en rendant les vieux, vous les prendriez
pour Capitaines de Regiment, ou Gou-
uerneurs de places, & neaumoins c'eft
Me Maurice pour toute qualité, qui feul
couppe la gorge aux meilleurs marchans
de Paris, & à huict ou dix fortes de me-
ftiers diuers.

N'appellez point cela commoditez,
car ce Me Maurice eft en partie caufe des
nouueautez & du luxe, outre que c'eft
vne police de ne permettre point dans
vne bonne Ville, le trafic d'vn eftranger
pour ruyner le marchand natal.

C'eft la grandeur de la Ville d'eftre ha-

bitée de bons & riches marchans, naturels du pays, qui comme ils sont mainte-
nuz en leur trafic, aussi entrans aux charges publiques & honorables de la Ville,
ilz maintiennent tout le reste du peuple,
& leur richesse est cause qu'ils ne sont au-
cunement corrompus, ils font obseruer
les Loix de la Ville , ils taxent les mar-
chandises qui y arriuent à prix raisonnable,ils ne permettent point d'impositions
nouuelles,ils maintiennent la Ville soubz
l'obeyssance du Roy, ils se mettent en
peine de pacifier les seditions qui y arriuent, bref en maintenant le peuple , ils se
conseruent eux mesmes.

Doncques en faisant cesser leur trafic,
pour en donner le proffit à vn estranger,
jugez la confusion qui en peut arriuer,
elle ne peut estre specifiée par le menu,
mais en effect c'est ce qui sera la cause
auec le temps de la perte totale de la ville.

Ce qu'ayant esté murement consideré
par noz anciens Preuosts des Marchans,
& Escheuins, qui faisoient cette charge,
aussi simplement & en conscience, comme encores à present l'on voit la nayue
simplicité de nos Iuges Consulz, qui n'ōt

pour tout proffit & recompenſe de leur trauail, que l'honneur de porter la quali- té & la robbe Iudicialle. Ceux là, di-je, non ſeulement maintenoient le peuple, mais auſſi auoient égard à la neceſſité des pauures, ne permettāt point, ſi ce n'eſtoit des impotans, qu'ils allaſſent par la Ville tourmenter le bourgeois.

Et pour cet effect, faiſoient ſemblant, meſmes en temps de paix, qu'il eſtoit bien neceſſaire de faire des faux rempars hors les faux-bourgs, & par ce moyen don- noient ſubjet aux pauures, de porter la hotte, & n'eſtre point inutils, moyennant deux ſolz & deux pains de ſeize onces chacun. Que ſi a preſent on faiſoit cela, il ne ſe trouueroit pas peu de gēs qui s'en mocqueroient, & qui diroient que ce ſe roit choſe in-vtile, que la ville eſt trop forte, qu'il n'y a point de guerre; Que les faux⸗bourgs en cas d'hoſtilité ne ſe peu- uent garder. Noz anciens le ſçauoient auſſi bien que nous, mais ils iugeoient, que tel ouurage n'eſtoit point à la ville ſi nuiſible, que d'y permettre tant de pau- ures mandians, la neceſſité deſquels en- gendroit dans le Corps d'icelle, le tumul-

te & la ſedition en paix & en guerre, pour
quoy fuïr, il falloit leur donner le moyen
de ne point murmurer ny remuer.

Cela ce faiſoit par aſſemblee ſimple du
Conſeil de la Ville , ſans interpoſer vne
plus grande authorité, ny du Roy, ny des
Cours ſouueraines , & le fondz s'en pre-
noit, tant ſur le domaine patrimonial de
la ville , comme ſur l'eſcu que payoit , le
proprietaire de chacune maiſon de la ville & faux-bourgs, que l'on appelloit lors,
le tribut de Gedoüin.

Et pleuſt à Dieu que le proprietaire
d'vne maiſon, fut condamné à payer ce
meſme impoſt , & qu'il n'euſt point l'incommodité des indigens : mais encores
plus grande incommodité, de les veoir
langoureux , giſſans par les ruës , malades
& impotans, à noſtre grande confuſion,
ſans qu'il ſe trouue vn ſeul , qui ſe mette
en peine d'y donner ordre.

Et à la verité, i'ay tort de dire vn ſeul,
puiſque chacun ſçait , que l'ordre des
pauures Enfermez, vient de la pourſuitte
& inuention d'vn venerable Iuge, qui a
de l'authorité, & qui (s'il euſt eſté creu)
auoit donné vne grande police à tel in-

conuenient, mais on n'en a iamais sçeu faire obseruer ses reglemens, pourquoy outre ceux qui sont enfermez, il s'en voit plus que jamais.

Il faut doncques leur donner liberté, les faire trauailler, à vn astellier inuenté exprez, qui sera le subjet, ou de les nourir, ou de faire que chacun s'en retournera à son pays; c'est le vray moyen de connoistre les feneans.

Vn bon general d'armes, quant il connoist que ses soldatz sont invtils; ou que la feneantize les peut rendre lâches & poltrons, fait accroire à ses Capitaines mesmes qu'il a esté aduerty d'vne surprise, & diligemment faict que les soldats remuent la terre pour faire des retranchemens, & leur donne outre leur solde quelque chose par jour, en ce faisant il les endurcist au trauail, il empesche qu'ils n'ayent necessité, faict cesser le murmure, querelles & seditions, & se rend obey de plus en plus.

Ainsi doiuent faire Messieurs qui tiennent les charges publiques enuers les paures indigens, en chercher l'inuention & le fondz, & y establir vn bon ordre, afin

que

que la ville de Paris ayt autant de renom
en sa grandeur par sa bonne police, comme elle a de magnificence en ses richesses.

O qu'il ce faict de despence extraordi-
naire plus mal à propos, que ie ne veux
point   our n'aigrir ceux qui ont
le   blic ; Mais i'oseray
bien d.   que depuis peu, on a permis de
constituer des rentes, sur vn impost mis
sur le bourgeois à l'entree de son vin, le
fonds duquel luy deuoit estre diminué,
ou pour le moins le reuenu deuoit faire
fonds, pour magazin ou astellier pour les
pauures; Sans doubte sa Majesté en eust
laissé le fonds si on luy eust remonstré
combien la police en estoit grande, & sa
liberalité eust esté aussi particuliere pour
cela, comme elle a esté à en donner trois
fols perpetuels à l'Hostel Dieu.

Mais quoy, les pauures sont Paralyti-
ques, ils ne peuuent entrer à la piscine,
pour ce qu'ils n'ont point d'homme pour
les y plonger. C'est pourtant vne des plus
necessaires choses à pouruoir, si l'on desire de voir prosperer la grande Ville, mais
qui plus est, si on ne desire sa ruyne.

D

Ie voy bien que pour estre trop bon Citoyen, moy & mes escripts seront meprisez, pour auoir trop d'affection à la conseruation de ma Patrie ie seray blâmé, & comme vn second Critique, il se trouuera infinies personnes, qui declameront, contre ma trop grande liberté de parler : Ainsi (sans comparaison toutesfois) Ioseph fut estimé fol entre les Iuifs, qui predisoit la ruyne de Ierusalem, Crysipus entre les Grecs celle d'Athenes, Pompilius celle de Bizance, & infiniz bons Auteurs celle de Rome, qui tous ont perdu leur temps, & n'ont seruy leurs aduertissements que de faire cognoistre à la posterité, l'incredulité & le mépris que l'on a faict de leurs Propheties veritables.

A Dieu ne plaise vn si grand eschec sur ma Patrie, & sur la grande Ville, qui a tousjours esté l'abort des doctes, le refuge des saincts Personnages, le conseil des Grands, la superiorité de la Iustice, la demeure des Roys, qui a tousjours retenu la bride des insolents, qui a esté la crainte & la terreur des peruers, le magazin des richesses, & vn abregé de toute la France.

Toutes ces qualitez y peuuent estre
conseruees, poutueu que les anciennes
loix y soient obseruees ; Le mépris des-
quelles, rendent les Ecclesiastiques sans
conscience, les nobles sans vertu, & le
tiers Estat en pauureté, la Ville insatiable
en bastimens, trop remplie de menu peuple, & le refuge des estrangers; La confusion des opinions, l'azile de toutes Religions, & le subjet des seditions.

Faudroit estre aueugle, ou homme de
peu de consideration, si se promenant
par les quantons d'icelle, on ne peut faire
vn certain dénombrement veritable, de
ceux qui y habitent, l'on y voit cent mil
fois plus de pauures artizans, que de me-
diocres Marchans, vingt mil fois plus de
petits marchans que de bourgeois, qui se
puissent vanter y pouuoir viure sans trauailler : Tellement que le nombre des riches, y entre-meslez, y est si petit au res-
pect des autres, qu'il ne faut qu'vne petite
guerre, pour tout perdre en peu de temps.

Car ce menu peuple ne demande que
sedition, l'estranger que changement, si
ces deux sortes de personnes, sont en plus
grand nombre, que le riche, le marchand

Natal & la Iustice, que peut-on esperer?
Il faut conjecturer que la multiplicité des
bastimens, demeurera vn jour sans habitation à la moindre guerre, puisque le
pauure & l'estranger, par la necessité l'a-
bandonneront, ce faisant la moytiée de
la Ville sera vague, ou difficille à garder,
subjette à estre retranchee & reduite à son
premier corps; non sans admiration, non
sans grande perte, puisque le plus clair &
le plus liquide fondz s'employe à present
à bastir, & à agrandir vne Ville qui seroit
plus aisee à se maintenir dans ses premie-
res bornes, que en si grande estendue de
bastimens.

Or laissons la Ville à part, & sa trop
grande estendue, sortons hors d'icelle, &
arpentons les Faux-bourgs: Du costé de la
porte de S. Anthoine, nous y rons à cou-
uert jusques bien pres de la Pissotte &
Charenton, de la porte S. Martin, jusques fort pres de S. Denis, de la porte de
Montmartre jusques à Clignancourt, de
S. Honoré jusques pardelà le Roulle, de
celle de Nesle jusques à la Grenoüilliere,
de S. Germain jusques pres Vaugirard,
de S. Iacques jusques à Mont-rouge, de

Sainct Victor jusques à Gentilly, puis fondez les richesses & commoditez de ces habitans, vous en trouuerez vn tiers de gueux qui vont mandier, vn tiers de feneans, qui rodent le iour & la nuict, & l'autre tiers de pauures manouuriers, qui en tricottant monstrent à chifler à la linotte, & qui ont plus d'enfans que de cent liures de rente.

Et la necessité de ces gens, a esté le subjet de vendre leurs heritages à gens de main morte, pour y establir de nouueaux Conuens, tous Religieux mandians, qui n'ont autre esperance d'y viure, que sur le subjet d'vne beface, le larcin d'vn Finannancier, le testament d'vn vsurier, & l'ignorance d'vne bigotte, qui quitte son vray Curé, & la charité qu'elle doit à sa Paroisse, & si elle desherite ses vrays heritiers, pour leur fourer sans regarder à la consequence, que tout va tomber dans la main morte.

Et Dieu qu'il faict dangereux le soir, à vne lieuë de Paris, combien de gens sont souuent tuez, deualisez, massacrez, anfoüis en terre, desquels on n'entendra jamais parler, ceux qui en font l'execution sont en retraicte mille fois plus asseurée, qu'en la plus forte forest de France: Il n'y a qu'à changer d'vn faux-bourg en l'autre, aujourd'huy en vne maison dans le pré aux Clercs, & demain au Champ gaillard, aujourd'huy aux Gobelins, demain pres le Roulle, aujourd'huy derriere les freres Ignorans, demain ruë Poupee pres Vaugirard.

Bref & pour conclusion, quand ie contemple Paris en l'estat qu'il est, il me semble que ie voy vn grand Chasteau, garny en bastimens de toutes sortes de demeures, orné, diapré & enrichy de ce qui est requis à vne superbe maison, mais les fossez à fonds de cuue qui le gardent, sont remplis d'eauë punaise, qui n'a point de cours, qui cause vne maladie continuelle, voire vne peste ordinaire, qui ruinent ceux qui y habitent; que si ces fossez n'en sont curez, n'attendez aucune santé dans le corps de ce Chasteau.

F I N.